Anja Ritterhoff

# Ich hab' dich so lieb!

## Fensterbilder aus Tonkarton

Weitere Informationen über die Autorin
finden Sie unter www.ritterhoff.de.

Fotos: frechverlag GmbH + Co. Druck KG, 70499 Stuttgart;
Fotostudio Ullrich & Co., Renningen

Dieses Buch enthält:
4 Vorlagenbogen



Auflage: 5. 4. 3. 2. 1. | Letzte Zahlen
Jahr: 2006 2005 2004 2003 2002 | maßgebend


frechverlag GmbH + Co. Druck KG, 70499 Stuttgart

ISBN 3-7724-2909-2 · Best.-Nr. 2909

Druck: frechverlag GmbH + Co. Druck KG, 70499 Stuttgart

Für die beste Freundin, seinen Partner, Oma, Opa, Papa, Mama und für alle, die man lieb hat, finden Sie hier eine ganze Reihe niedlicher Motive.

Ob als kleines Dankeschön oder um einfach mal zwischendurch zu sagen, dass man sich lieb hat – die Motive können zu vielen Gelegenheiten verschenkt und gebastelt werden. Besonders liebevoll wirken sie, wenn Sie sie mit einer ganz individuellen Beschriftung versehen.

So freut sich bestimmt jede Mama über den dicken Elefanten, der ihr ein niedliches Herz bringt. Die lustige Sonnenblume sorgt immer für tolle Laune und das kleine Schmusebärchen ist ein hübsches Mitbringsel. Schwäne passen gut zu einer Hochzeit und die kleine Maus kann einen wunderschönen Liebesbrief schreiben.

Beim Basteln und Verschenken wünsche ich Ihnen viel Freude

Ihre

Anja Ritterhoff

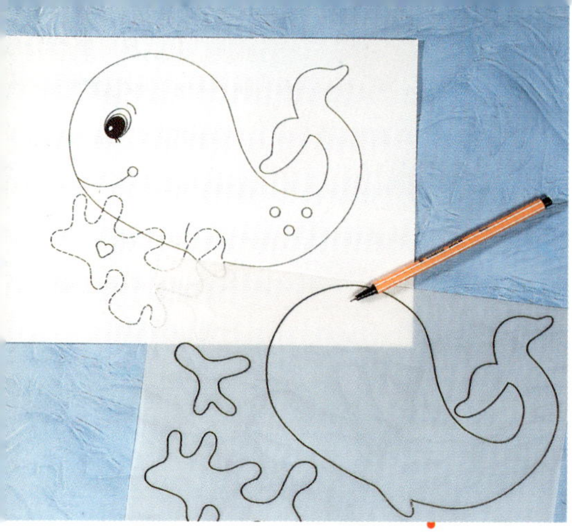

**Material und Hilfsmittel**

Tonkarton in verschiedenen Farben

Cutter mit Schneideunterlage

Transparentpapier für Schablonen

Dünne Pappe für Schablonen

Bleistift

Filzstifte

Buntstifte

Lackstift in Weiß

Klebstoff

Schere

Bürolocher

Motivlocher

Exakte Materialangaben finden Sie bei den einzelnen Motiven. Sie gelten für einseitig gearbeitete Motive. Möchten Sie ein Bild zweiseitig arbeiten, müssen Sie dementsprechend mehr Material einplanen.

## So wird's gemacht

Legen Sie Transparentpapier auf die gewünschte Vorlage und zeichnen Sie alle Motivteile ohne Überschneidungen ab.

Jetzt kleben Sie das Transparentpapier auf eine dünne Pappe und schneiden alle Teile aus. Dies sind Ihre Schablonen.

Die Schablonen legen Sie nun auf den Tonkarton in der gewünschten Farbe und umfahren sie mit einem Bleistift.

Jetzt schneiden Sie alle Motivteile aus und fügen das Motiv mithilfe der Abbildung und des Vorlagenbogens zusammen.

Dann arbeiten Sie die Augen (s. Seite 5). Wangenpunke etc. habe ich meist mit einem Bürolocher ausgestanzt.

Zum Schluss bemalen und beschriften Sie gegebenenfalls das Motiv.

**Mein Tipp**

Die Beschriftungen können Sie natürlich ganz nach Ihrem Geschmack und Ihren individuellen Wünschen abwandeln.

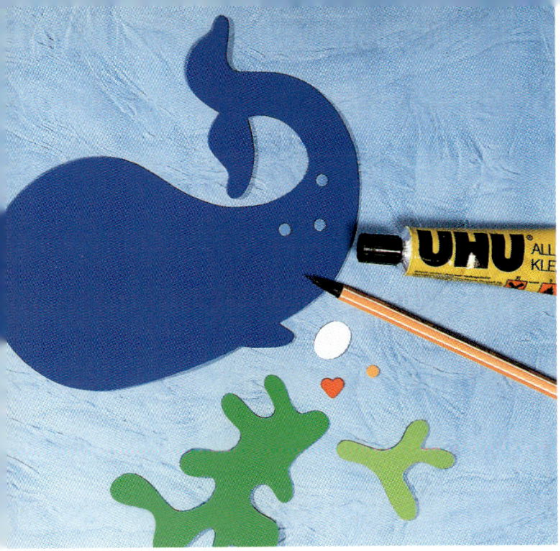

## So entstehen die Augen

**Schritt 1**
Zeichnen Sie das Auge mit einer ovalen Schablone auf weißen Tonkarton.

**Schritt 2**
Dann zeichnen Sie mit einem Filzstift zwei Ovale in das Auge.

**Schritt 3**
Malen Sie das mittlere Oval nun schwarz aus und lassen Sie den Lichtpunkt weiß.

**Schritt 4**
Zuletzt malen Sie mit Filzstift einen farbigen Kreis um die Pupille. Schon ist das Auge fertig.

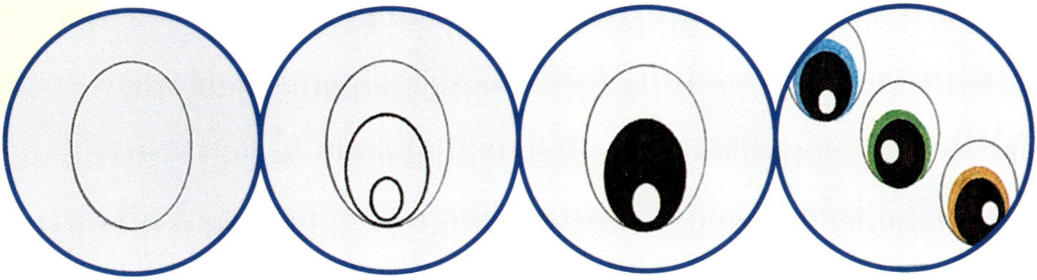

**Mein Tipp**
Noch schneller geht's, wenn Sie Wackelaugen aufkleben.

# Wie schön, dass es dich gibt!

**Motivgröße**
ca. 36 cm x 32 cm

**Vorlagenbogen 1A**

**Material**

- Regenbogen-Tonkarton in A3
- Tonkarton in A4: grau, blau, grün
- Tonkarton in A5: rot
- Tonkartonreste: gelb, orange, weiß, hellbraun, schwarz
- Satinband, 3 mm breit, ca. 15 cm lang: rot
- Lackstift: weiß
- Buntstifte: rosa, grau
- Filzstifte: schwarz, hellblau
- Bürolocher

Kleben Sie das rote Kleid auf den Körper der Mausfrau und verzieren Sie es.
Beim Mausmann werden zuerst die Hose und dann das T-Shirt aufgeklebt.
Bringen Sie die Arme so an, dass sich die Mäuse anfassen und ergänzen Sie dann die Ärmel. Bringen Sie anschließend Beine und Schwänze an.
Jede Maus erhält eine Nase mit einem Lichtpunkt. Malen Sie die Ohren mit einem grauen Buntstift leicht aus und gestalten Sie die Gesichter.
An beide Enden des Regenbogens kleben Sie die Bäumchen. Unter dem Regenbogen werden die Herzen an Satinband befestigt.

**Mein Tipp**

Dieses Motiv eignet sich auch toll als Türschild. Einfach den Namen oder „Willkommen“ in den Regenbogen schreiben und vor die Tür hängen.

# Eine kleine Blume für dich!

Kleben Sie die weiße Hose auf das Bärenmädchen, dann ergänzen Sie das Kleid mit der kleinen Tasche. Bringen Sie den Kopf an und gestalten Sie das Gesicht.
Die Blumen werden mit Heißkleber auf dem Draht fixiert und dann auf der Wiese und in der Hand des Bären angebracht. Anschließend können Sie die Wiese beschriften.
Fügen Sie die Sonne und die Wolke zusammen, bemalen Sie beides und arrangieren Sie alle Motivteile zu einem Gesamtbild.

**Motivgröße**
Bär ca. 25 cm x 24 cm

**Vorlagenbogen 2B**

**Material**
- Tonkarton in A4: hellgrün, braun
- Tonkarton in A5: gelb, weiß, lila
- Tonkartonreste: beige, rot, grün, orange, dunkelorange
- Filzstifte: schwarz, orange, rot, hellblau, grün, braun
- Dicker Filzstift: schwarz
- Lackstift: weiß
- Draht, ø 1 mm, ca. 20 cm lang: grün
- Heißkleber

r meinen Schatz!

# Mit dir schwimm ich überall hin!

**Motivgröße**
ca. 43 cm x 23 cm

**Vorlagenbogen 1B**

**Material**
- Tonkarton in A4: hell- und dunkelblau
- Tonkarton in A5: grün
- Tonkartonreste: hellgrün, weiß, rot, orange
- Filzstifte: schwarz, rot, hellblau
- Bürolocher
- Motivlocher „Kleines Herz"

Gestalten Sie die Gesichter und kleben Sie auf den Rücken der Wale jeweils drei Punkte, die Sie mit einem Bürolocher ausstanzen. Nun werden die Wale bemalt. Bringen Sie die Algen an und arrangieren Sie die Blubberblasen und die Herzen über den Tieren.

**Mein Tipp**
Über einen solchen niedlichen „Guten Morgen-Gruß“ im Badezimmer freut sich bestimmt ein lieber Mensch.

Mit dir schwebe

Mit dir
schwebe ich
im
7. Himmel

Beschreibung Seite 14

# Mit dir schwebe ich im 7. Himmel

Abbildung Seite 12/13

Hinter das rote Kleid kleben Sie die Arme und bringen die Beine vorne versetzt an. Das blaue T-Shirt des Hundes kleben Sie an den Hasen und ergänzen dann den hinteren Arm sowie die Beine und die Pfote. Kleben Sie die Köpfe auf die Körper und gestalten Sie die Gesichter.
Der Hund erhält noch eine kleine Schleife. Die Tiere werden bemalt und auf die Wolke geklebt.
An die bemalte Wolke hängen Sie nun an Bindfaden Herzen und Sterne. Weitere Sterne werden um das Motiv herum arrangiert.

**Motivgröße**
ca. 29 cm x 40 cm

**Vorlagenbogen 2A**

**Material**

- Tonkarton in A4: weiß, braun
- Tonkartonreste: blau, rot, grün, gelb, orange, schwarz
- Filzstifte: schwarz, rot, hellblau
- Lackstift: weiß
- Nadel und Faden in Weiß
- Motivlocher: „Großes Herz", „Großer Stern"
- Bürolocher

# Für meinen Sonnenschein!

**Motivgröße**
ca. 22 cm x 37 cm

**Vorlagenbogen 2A**

**Material**

- Tonkarton in A4: dunkelorange, orange, hellgrün
- Tonkarton in A5: blau
- Tonkartonreste: braun, weiß, rot, gelb
- Filzstifte: schwarz, grün, braun, hellblau
- Lackstift: weiß
- Schleifenband, 3 cm breit, ca. 60 cm lang: rot
- Bürolocher

Kleben Sie die hellen, orangefarbenen Blätter auf die dunkleren und bringen Sie das gelbe Oval darüber an. Dann kann das Gesicht gestaltet werden.
Fügen Sie das Motiv zusammen und bemalen Sie es.
Die Schleife wird gebunden und an den Blumentopf geklebt.

**Mein Tipp**
Die kleine lachende Blume ist ein hübsches Mitbringsel zum Geburtstag.

# Dein ist mein ganzes Herz

**Motivgröße**
ca. 39 cm x 40 cm

**Vorlagenbogen 2B**

**Material**
- Tonkarton in A4: dunkelgrün, beige, schwarz
- Tonkarton in A5: hellgrün, rot
- Tonkartonreste: weiß, orange
- Filzstifte: schwarz, hellblau, rot
- Lackstift: weiß
- Satinband, 3 mm breit, ca. 20 cm lang: rot
- Bürolocher

Kleben Sie den Bauch der Käferfrau auf den Ast und den des Käfermannes hinter den Ast. Jetzt bringen Sie Beine und Arme an. Ergänzen Sie dann die roten Flügel mit den schwarzen Punkten. Kleben Sie die Köpfe auf und gestalten Sie die Gesichter. An die Fühler kleben Sie die schwarzen Punkte.
Nun fixieren Sie die Blätter auf dem Ast.
Auf das Satinband kleben Sie das Herz und kleben dieses hinter die Hände der Käfer.

**Mein Tipp**
Dieses Fensterbild können Sie gut als Geldgeschenk umfunktionieren, indem Sie statt des Herzens einen Geldschein am Satinband befestigen.

# Ein Liebesbrief für dich

Kleben Sie den Mauskörper auf den Briefbogen und ergänzen Sie den Schwanz. Nun kleben Sie den Kopf mit Ohren auf und gestalten das Gesicht. Die Feder wird zusammengefügt und der Maus in die Hand geklebt. Dann können Sie die Hand anbringen.
Auf das Tintenfass kleben Sie die hellblaue und die blaue Tinte. Dann wird es auf dem Briefbogen befestigt. Den Brief beschriften Sie gemäß der Vorlage oder Ihrem eigenen Geschmack.

**Motivgröße**
ca. 30 cm x 32 cm

**Vorlagenbogen 1B**

**Material**

- Tonkarton in A4: rot, grau
- Elefantenpapier in A4
- Tonkartonreste: weiß, blau, hellblau, schwarz
- Metallpapierrest: silber
- Filzstifte (wasserfest): gelb, rot, hellblau, lila, grün, schwarz
- Lackstift: weiß

**Mein Tipp**
Den Brief können Sie auch schön als Einladung verwenden.

Du bist mein Glück!
Ich liebe Di
Nur für Dich
Für meinen Liebling

# Mein kleiner Schmusebär

**Motivgröße**
ca. 30 cm x 20 cm

**Vorlagenbogen 1A**

**Material**
- Tonkarton in A4: blau, braun
- Tonkartonreste: schwarz, grau, beige, gelb, orange, hellblau, grün, rot
- Filzstifte: schwarz, rot, hellblau, braun
- Lackstift: weiß
- Nadel
- Faden in Weiß
- Bürolocher

Bekleben Sie die Füße mit den Sohlen und kleben Sie das hintere Bein an den Bärenkörper. Setzen Sie das Mäuschen zusammen, bemalen Sie es und kleben Sie es auf den Bauch des Bären. Jetzt fixieren Sie den Arm.
Auf den Bärenkopf kleben Sie die Schnute und gestalten dann das Gesicht. Nun kleben Sie den Kopf auf den Arm und hinter ihn die Maus. Bemalen Sie das Motiv.
An den Schwanz der Maus knoten Sie das Band mit dem Herz. Kleben Sie den Bär auf die mit bunten, ausgelochten Punkten verzierte Decke.

# Mit dir schmuse ich so gerne!

**Motivgröße**
ca. 26 cm x 26 cm

**Material**
- Tonkarton in A4: blau, gelb
- Tonkartonreste: orange, dunkelorange, weiß
- Filzstifte: schwarz, hellblau

**Vorlagenbogen 3A**

Kleben Sie die Körper aneinander und ergänzen Sie von hinten die Schenkel. Nun fügen Sie die Beine an und kleben das verschmuste Pärchen auf das Wasser.
Die linke Ente erhält ihren Kopf und den Flügel. Die rechte Ente erhält zuerst ihren Flügel, dann kleben Sie den Kopf schräg über den anderen. Malen Sie alle schwarzen Linien auf. Zum Schluss fixieren Sie die Schnäbel, Wangen und Augen.

# Du bist zum Vernaschen süß!

Kleben Sie der Katze den Schwanz, das hintere Bein sowie die hinteren Pfoten an. Nun schneiden Sie die Pfote des Hundes ein und kleben den Hundekörper etwas auf den Katzenkörper. Platzieren Sie die Innenpfoten des Hundes und kleben Sie den Hundefuß unter die Hundepfote und über den zusammengesetzten Napf mit dem Knochen. Jetzt erhält der Hund sein Lätzchen.
Die Katzenpfote befestigen Sie rechts oben am Hund und kleben dann den Kopf des Hundes sowie seine Ohren auf. Kleben Sie den Katzenkopf schräg an den Hundekopf und versehen Sie ihn mit einer Schnauze, der Zunge und der Nase. Der Arm der Katze wird so auf den Hund geklebt, dass sie ihn umarmt. Nun kleben Sie dem Hund eine Schnauze, seine Augen und die Nase auf. Dann zeichnen Sie alle Linien ein. An das Motiv hängen Sie unten die lustigen Knochen mit Schleifen und die Herzen. Um das Motiv können Sie weitere Herzen arrangieren.

**Motivgröße**
ca. 35 cm x 35 cm

**Vorlagenbogen 3B**

**Material**
- Tonkarton in A3: rot
- Tonkarton in A4: grau, braun
- Tonkarton in A5: weiß
- Tonkartonreste: dunkelbraun, grün, hellblau, blau, gelb, schwarz
- Filzstifte: schwarz, rot, hellblau
- Lackstift: weiß
- Faden in Weiß
- Nadel

### Mein Tipp

Sie können auf die rote Decke einen Spruch schreiben, z.B.: „Ich hab' dich zum Fressen gern" oder „Mein Schleckermäulchen!"

# Mit dir träume ich im Mondenschein!

Hinter den Bach kleben Sie auf beide Seiten die Wiese, dann fügen Sie die Brücke von hinten an. Ergänzen Sie von hinten den Brückenschatten. Beide Brückenseiten erhalten Brückenpfeiler mit einem kleinen Vogel.
Schneiden Sie die Pfoten der Bären ein und platzieren Sie die Körper an der Brücke. Bringen Sie die anderen Pfoten und die Köpfe an. Gestalten Sie die Gesichter und zeichnen Sie die restlichen Linien ein.
Die Enten erhalten ihre Schnäbel und einen Flügel, dann bemalen Sie sie und setzen sie ins Wasser. Malen Sie mit blauem Filzstift die Wellen und kleben Sie drei Herzen auf. Die Brückensteine werden mit einem Bleistift aufgemalt und die Wiese wird mit kleinen Grasbüscheln geschmückt. Verteilen Sie die ausgestanzten Blumen unten um das Motiv und knoten Sie den Herz-Ballon an die Brücke. Zum Schluss arrangieren Sie den Mond und die Sterne um das Motiv herum.

**Motivgröße**
ca. 35 cm x 35 cm

**Vorlagenbogen 3A**

**Material**

- Tonkarton in A4: hellgrau
- Tonkarton in A5: grün, braun, hellblau
- Tonkartonreste: dunkelgrau, rot, blau, weiß, gelb, lila, schwarz
- Filzstifte: schwarz, hellblau, grün, rot
- Lackstift: weiß
- Bleistift
- Bürolocher
- Motivlocher: „Große Blume"
- Faden in Weiß
- Nadel

# Du bist mein allerliebster Schatz!

**Motivgröße**
ca. 42 cm x 26 cm

**Vorlagenbogen 4A**

**Material**

- Tonkarton in A3: blau, hellblau, mittelblau, weiß, grün
- Tonkartonreste: gelb, orange
- Filzstifte: schwarz, hellblau

Kleben Sie die dunkelblaue Wasserfläche auf die mittelblaue und bringen Sie dann die Schwanenkörper an. Das hellblaue Wasser kleben Sie auf, wobei Sie es über den unteren Schwanenkörper kleben. Bringen Sie die Flügel an, wobei der eine über das hellblaue Wasser geklebt wird. Gestalten Sie die Gesichter und malen Sie die restlichen schwarzen Linien auf. Zum Schluss ergänzen Sie das Schilf von hinten.

**Mein Tipp**

Die Schwäne können Sie sehr gut als Grußkarte zu einer Hochzeit verwenden. Schreiben Sie das Hochzeitsdatum und die Namen der Vermählten auf einen Schwanenflügel. Mit einem goldenen Stift sieht es noch hübscher aus!

# Elefantenliebe

Kleben Sie das Gesicht hinter das Herz, wobei der Rüssel auf das Herz gelegt wird. Dann ergänzen Sie die Ohren und die Haare. Anschließend gestalten Sie das Gesicht.
Kleben Sie die Hände und Füße auf das Herz. Dieses können Sie dann beschriften und mit ausgestanzten Herzen schmücken. Setzen Sie den Vogel zusammen, bemalen Sie ihn und fixieren Sie ihn dann. Viele bunte Herzen werden rund um das Motiv arrangiert.

**Motivgröße**
ca. 22 cm x 29 cm

**Vorlagenbogen 4B**

**Material**
- Tonkarton in A4: grau, rot
- Tonkarton in A5: weiß
- Tonkartonreste: gelb, orange, hell- und dunkelblau, grün, schwarz
- Filzstifte: rot, schwarz, hellblau
- Buntstift: orange
- Motivlocher „Kleines Herz"

**Mein Tipp**
Der kleine Elefant ist ein hübsches Geschenk zum Muttertag.

# Ich hab' dich lieb!

Abbildung Seite 32

**Motivgröße**
ca. 27 cm x 39 cm

**Vorlagenbogen 4B**

**Material**
- Tonkarton in A4: gelb
- Tonkarton in A5: beige, orange
- Tonkartonreste: lila, flieder, hellblau, hellgrün, pastellblau, schwarz, pink, rot
- Filzstifte: schwarz, rot, hellblau
- Lackstift: weiß
- Motivlocher: „Kleine Blume"
- Bürolocher

Kleben Sie die Ärmel und die Hose hinter den Pullover und ergänzen Sie dann Arme und Beine. Hinter die Beine kleben Sie die Schuhe. Auf dem Pullover fixieren Sie das beschriftete Herz. Nun bringen Sie den Hals hinter dem Pullover an und kleben den Kopf auf. Dann können Sie das Gesicht gestalten und die Fühler ergänzen. Anschließend übertragen Sie die restliche Bemalung. Die Flügel werden mit den bunten Blumen geschmückt und hinter den Körper geklebt.
Mit dem Motivlocher stanzen Sie Blumen aus und kleben ausgelochte Punkte in deren Mitte. Arrangieren Sie die Blümchen um den Schmetterling herum.

**Mein Tipp**
In das Herz können Sie auch „Gute Besserung" schreiben!

Ein schönes Herz
für DICH

Ich hab' dich lieb!

Beschreibung Seite 30